THÈSE

POUR LA LICENCE.

PARIS

IMPRIMERIE ET LITHOGRAPHIE DE MAULDE ET RENOU,

RUE BAILLEUL, 9-11, PRÈS DU LOUVRE.

—

1851

FACULTÉ DE DROIT DE PARIS.

THÈSE

POUR LA LICENCE.

L'ACTE PUBLIC SUR LES MATIÈRES CI-APRÈS SERA SOUTENU

Le Mercredi 17 Décembre 1851, à deux heures,

Par Louis-Alexandre-Georges **CHEVALLIER**,

Né à Paris (Seine), le 29 Septembre 1828.

Président, M. PERREYVE, Professeur,

SUFFRAGANTS :
{ MM. ROYER-COLLARD,
OUDOT,
ORTOLAN,
DURANTON, }
Professeurs.
Suppléant.

Le candidat répondra en outre aux questions qui lui seront faites sur les autres matières de l'enseignement.

PARIS

IMPRIMERIE ET LITHOGRAPHIE MAULDE ET RENOU,
RUE BAILLEUL, 9-11, PRÈS DU LOUVRE.

1851

THESES

DEO MAXIMO DEDICATA.

JUS ROMANUM.

DE CONTRAHENDA EMPTIONE, ET DE PACTIS INTER EMPTOREM ET VENDITOREM
COMPOSITIS, ET QUÆ RES VENIRE·NON POSSUNT.

Dig. XVIII, 1.

Sequitur jam quarta species contractuum, qui solo consensu contrahuntur : sunt enim plures casus, in quibus ex solo pacto, nudoque consensu, actio oritur. Licet in omnibus contractibus consensus requiratur, tamen solus ille consensus in aliis contractibus non sufficit, ita ut sine alio adminiculo producat obligationem et actionem.

In contractibus enim, qui re celebrantur, præter consensum partium, necesse est rem quoque intervenire, ut in mutuo. Etsi enim centies tecum convenirem de pecuniâ mutuandâ, tamen ex tali conventione nunquam tibi obligor, nisi pecuniam actualiter numeres ; sic in stipulatione, licet necessarius sit consensus, tamen ille non sufficit, nisi verbis exprimatur, debitâ solemnitate observatâ, ut præcedat interrogatio, et sequatur responsio. Sed in his contractibus, de quibus nunc actum est, solus consensus sine ullo adminiculo producit efficacem obligationem et actionem, etiamsi res non actualiter interveniat, nec requiritur scriptura, ut in litterarum obligatione, nec præsentia contrahentium, ut in stipulatione ; quia etiam per absentes, epistolam et nuncium celebrari possunt. Item nec solemnitas verborum necessaria est : imo etiam sine verbis hi contractus perficiuntur, dummodò per facta et signa consensus declaretur.

Origo emptionis-venditionis a permutationibus cœpit, ut illis divi Homeri versibus apparet :

« Ἔνθεν ἄρ᾽ οἰνίζοντο καρηκομόωντες Ἀχαιοί,
« Ἄλλοι μὲν χαλκῷ, ἄλλοι δ᾽ αἴθωνι σιδήρῳ,
« Ἄλλοι δὲ ῥινοῖς, ἄλλοι δ᾽αὐτοῖσι βόεσσιν,
« Ἄλλοι δ᾽ἀνδραπόδεσσι. »

Illud inter Sabini et Cassii discipulos et Nervæ Proculique sectatores diù dubitatum : an sine nummis venditio dici hodiè possit.

Contractus emptionis-venditionis bifariam celebrari solet, sine scriptis, et in scriptis.

Emptio sine scriptis solo consensu perficitur statim, quando inter partes conventum est de pretio et merce, licet nihil datum sit, et sic neque traditio rei, neque pretii, neque arrharum intervenerit.

In scriptis autem celebratur emptio, quando inter partes in principio actum est ut inde fieret scriptura; sive hoc additum sit, ut aliter contractus non valeat, sive non; dummodò appareat de mente contrahentium, quod noluerint obligari priusquam scriptura perficeretur.

Ut perfecta sit emptio, tria requiruntur : 1° Res, seu merx, quæ venditur; 2° Pretium certum et determinatum, quod in pecunia numerata consistere debet; 3° In re et pretio consensus contrahentium.

Nunc quid sit emptio-venditio apertius nobis apparebit, si in quibus emptio et permutatio conveniant, et in quibus differant notaverimus.

Permutatio propriè est quando species certa pro specie certa datur; veluti, hic bos pro illo equo; et ita quando ab utraque parte certa species est præstanda, emptio vero, quando pro specie datur pretium in genere.

In emptione-venditione variatur nomen; alter enim dicitur emptor, alter venditor, et ex una parte certa species traditur ex alterà pretium : in permutatione vero quilibet dicitur permutare, et ab utraque dicitur res permutata.

Emptor tenetur transfere in venditorem dominium pretii; venditor vero tantum ad rem tradendam et præstandam evictionem tenetur : in permutatione vero ab utraque parte opus est ut dominium transferatur.

Emptio solo consensu perficitur : permutatio autem ad hoc ut valeat, et ex ea agi possit, rei interventum exigit.

Emptio est contractus nominatus : permutatio vero innominatus.

In contractibus innominatis admittitur pœnitentia, re integra, non autem in nominatis. In permutatione adimplens contractum pro parte sua potest agere præscriptis verbis, ut contractus ab alterius parte quoque adimpleatur; et si contractus altera parte non fuerit adimpletus, poterit quis rem quam dedit repetere per condictionem ob causam tanquam causa non secuta. Secus in venditione, in qua venditor rem venditam et traditam non potest repetere, quando emptor pretium non solvit, sed tantum competit ei actio ex vendito contra emptorem, ad solvendum pretium.

Conveniunt autem emptio et permutatio in his:

Uterque enim contractus est bonæ fidei. In utroque præstatur evictio.

Perfecta emptione, rei emptæ periculum statim ad emptorem pertinet : quia enim commodum rei venditæ, etiam ante traditionem contingens, spectat ad emptorem, non mirum est, si et incommodum ad ipsum spectet.

Secus autem si venditur res in genere, ut puta, vendo tibi equum non in specie, vel decem amphoras vini in genere : tunc ante traditionem periculum est venditoris, quia genus perire non potest.

Haud aliter in venditione conditionali : nam pendente conditione si tota res perit, periculum ad venditorem, si vero deterioratur, ad emptorem spectat. Item si venditor in se periculum casus suscepit, vel si res vendita ejus dolo, lata vel levi culpa periit. vel si fuit in mora tradendi, ita ut per eum steterit, quo minus traditio fieret, quia interpellatus rem non tradidit.

Omnes res, sive sint mobiles, sive immobiles, corporales sive incorporales, sive sint propriæ sive alienæ, regulariter vendi possunt : nisi expresse a lege sint prohibitæ, ut sunt res commercio hominum exemptæ : res sacræ, sanctæ, religiosæ, publicæ, item liberi homines.

Emptio regulariter celebrari potest ab omnibus, qui alias obligari possunt, et liberam habent suorum bonorum administrationem.

Unde inter patrem et filium emptio et venditio non contrahitur, nisi in castrensi et quasi-castrensi peculio. Furiosus, nec prodigus cui bonis interdictum est, emptionem contrahere possunt.

Nec inter tutorem et pupillum venditio valet. Res enim pupilli, præsertim immobiles, et quæ servando servari possunt, nisi ex causa necessitatis et præcedente inquisitione et decreto judicis alienari prohibentur.

Dominus propter nimiam sævitiam servum vendere compellitur.

Quum pactum emptioni-venditioni accedit, quando incontinenti adjectum est, inest emptioni-venditioni, actionemque ex illo contractu descendentem auget vel minuit secundum hæc quæ pacto comprehensa sunt. Cum vero ex intervallo adjectum est, subdistinguetur an circa adminicula contractus, an circa substantialia versetur. Cum circa adminicula versetur. veluti ne cautio duplæ præstetur vel ut cum fidejussore cautio duplæ præstetur, ad augendam minuendamve obligationem valere non potest nec ad dandam actionem, sed tantum parit exceptionem adversus venditorem agentem ex contractu. Quod si circa substantialia versetur pactum, puta circa rem quæ veniit aut pretium, hoc casu pactum quamvis ex intervallo interpositum, modo tamen re integra, valet ad actionem in totum vel pro parte tollendam vel ad novam quasi ex renovato contractu producendam.

Sunt præcipua pacta : in diem addictio et lex commissoria.

De arrhis. Jure Justinianeo, in emptionibus quæ cum scriptis perficiuntur, non sunt arrhæ argumentum non contractæ sed contrahendæ emptionis, etenim, sive in scriptis sive non scriptis venditio celebrata sit, id efficiunt arrhæ ut is qui dedit recuset adimplere contractum arrhas amittat : si contra recuset is qui accepit, duplicatas restituat.

POSITIONES.

I. Num in venditione-emptione pretium in pecunia consistere debet?

II. Quid de arrhis in jure antejustinianeo?

III. Ecquid intelligi debet his verbis, auctoritatem præstare?

IV. Nonne sunt plures casus in quibus venditor emptori dominium rei emptæ transferre debet?

V. Quid de venditione inter tutorem et pupillum?

DROIT FRANÇAIS.

DE LA VENTE.

Code civil, Livre III, Titre VI, Art. 1582 à 1657.

CHAPITRE PREMIER.

DE LA NATURE ET DE LA FORME DE LA VENTE.

La nécessité d'avoir en propre la plupart des choses dont on a besoin, surtout celles dont on ne peut user sans les consommer ou les diminuer, et par conséquent sans en être le maître, a été l'origine des manières de les acquérir, et d'en faire passer la propriété d'une personne à une autre.

La vente est une convention par laquelle l'une des parties transfère ou s'engage à transférer la propriété d'une chose moyennant un prix que l'autre s'engage à payer.

C'est un contrat synallagmatique, à titre onéreux et non solennel, commutatif et aléatoire, un contrat nommé et enfin consensuel.

On voit de suite par la définition ci-dessus, quelle différence il existe entre la vente en droit français et la vente en droit romain.

Dans celle-ci, le vendeur est tenu de mettre l'acheteur en possession et de le garantir de toute éviction : *hactenus tenetur, ut rem emptori habere liceat, non etiam, ut ejus fiat*. Dans celle-là, le vendeur est en outre tenu de rendre l'acheteur propriétaire.

Ainsi, en droit romain, la vente produit des obligations et met les risques de la chose vendue à la charge de l'acheteur, qui, par conséquent, est tenu de payer son prix, quoique la chose périsse avant la tradition, mais sans la faute du vendeur : outre ces deux cas, il en existe un troisième en droit français, la vente transfère la propriété.

Aussi, la vente de la chose d'autrui qui est valable en droit romain, est nulle en droit français.

Trois conditions sont essentielles au contrat de vente : une chose, un prix, et le consentement des parties.

Toutes choses qui sont dans le commerce peuvent faire l'objet d'une vente (art. 1128, C. c.)

Soit que la vente ait pour objet un corps certain, soit qu'elle s'applique à des choses futures, elle n'est pas moins valable. Mais elle est nulle, quand elle a pour objet une chose qui n'est déterminée que quant au genre illimité, ou si la quotité de la chose n'est pas déterminée.

Le prix doit consister en argent, sinon le contrat serait un échange. Il doit être déterminé, ou au moins déterminable en vertu d'une clause du contrat indiquant un moyen de détermination independant de la volonté des parties. Enfin, il doit être sérieux et non fictif, sinon il n'y aurait pas vente, ou ce serait une donation déguisée.

La vente est parfaite par le seul consentement des parties ; elle transfère, par sa seule énergie et de la manière la plus absolue, tant à l'égard du vendeur qu'à l'égard des tiers, la propriété des choses mobilières et immobilières, sans qu'il y ait besoin ni de mise en possession, ni de transcription ; la loi du xi brumaire an vii est donc tacitement abrogée en matière de vente.

Il existe cependant une différence entre la vente d'un immeuble et celle d'un meuble, c'est que, dans celle-ci, la propriété acquise peut être perdue par l'effet d'une prescription qui s'accomplit par la possession, sans laps de temps, tandis que dans celle-là, elle ne peut être perdue que par une prescription qui ne s'accomplit que par une possession prolongée pendant dix ou vingt ans.

La cession ou vente d'une créance a seule besoin d'être rendue publique pour transférer, à l'égard des tiers, la propriété de la chose vendue, soit que cette cession soit rendue publique par la signification au débiteur cédé, ou par l'acceptation authentique de ce dernier. (Art. 1690, C. c.)

La preuve de la vente, contrat consensuel, peut résulter aussi bien d'un acte sous seing privé que d'un acte authentique.

La vente peut être pure et simple, à terme ou sous condition. Dans tous ces cas, ses effets sont réglés par les principes généraux des conventions.

Si elle a pour objet des choses qui se pèsent ou se mesurent, la validité de la vente dépend du mesurage, comme d'une condition suspensive, puisqu'il ne peut y avoir vente définitive, sans prix déterminé. (Art. 1591.)

Les risques ne sont pas à la charge de l'acheteur, car dans les ventes conditionnelles, la chose vendue reste aux risques et périls du vendeur.

Il en serait autrement, s'il s'agissait de choses vendues en bloc.

Les ventes à l'essai sont toujours présumées faites sous condition suspensive; les risques sont à la charge du vendeur; en droit romain, elles étaient présumées faites sous condition résolutoire.

Les arrhes accompagnant la vente sont une avance sur le prix à payer, *signum contractœ emptionis*, quand les parties ont entendu se lier *hic et nunc* et irrévocablement.

Les frais de contrat sont à la charge de l'acheteur.

CHAPITRE II.

QUI PEUT ACHETER OU VENDRE.

En général, toutes personnes peuvent acheter ou vendre, si elles n'en sont déclarées incapables par la loi, car la faculté de contracter est de droit commun.

Mais outre les incapacités indiquées en l'art. 1124, les art. 1595 et suiv. établissent des incapacités relatives à la vente.

Ainsi, pour éviter que les époux ne se fassent des libéralités indirectes, qui seraient irrévocables, contrairement au vœu de la loi, ou ne commettent des fraudes au préjudice de leurs créanciers, on a prohibé les ventes entre époux. (Art. 1094, 1096 et suiv.).

Les *datio in solutum* sont aussi défendues, puisque la loi ne les admet que dans trois cas exceptionnels : 1° Quand l'un des époux cède des biens à l'autre séparé judiciairement d'avec lui, en paiement de ses droits ; 2° quand la cession que le mari fait à sa femme, même non séparée, a une cause légitime, telle que l'extinction d'une dette dont le mari est tenu envers la femme; 3° enfin, quand la femme cède des biens au mari en paiement d'une somme qu'elle lui a promise en dot, et lorsqu'il y a régime dotal.

Hors ces trois cas, la vente est nulle pour le tout, et l'action en rescision dure dix ans de la dissolution du mariage.

En outre, comme cette *datio in solutum* pourrait servir, ainsi que

2

toute autre opération à titre onéreux, à déguiser des avantages indirects, l'art. 1595 donne aux héritiers réservataires le droit de critiquer l'opération, droit qui ne leur profite que pour ce qui excède le disponible.

Les art. 1596 et 1597 contiennent des prohibitions qu'il est facile de comprendre, et dont il faut chercher la raison dans l'opposition d'intérêts qui existe entre le vendeur et l'acheteur.

CHAPITRE III.

DES CHOSES QUI PEUVENT ÊTRE VENDUES.

On ne peut vendre la succession d'une personne vivante, même de son consentement. (Art. 1600, 1130.) Cette vente est prohibée comme immorale et dangereuse, quoique autorisée par le *de cujus* futur.

Si, au moment de la vente, la chose vendue était péric en totalité, la vente est nulle, car l'obligation du vendeur n'a pas pu naître faute d'objet, et par conséquent celle de l'acheteur n'a pas pu naître faute de cause.

Si une partie seulement de la chose est périe, la loi laisse à l'acquéreur le choix de déclarer s'il veut abandonner le contrat, ou demander la partie conservée, en faisant réduire le prix dans la proportion de cette partie à la chose entière.

CHAPITRE IV.

DES OBLIGATIONS DU VENDEUR.

La loi impose au vendeur l'obligation de s'expliquer en termes clairs et précis; *si obscurè loquitur*, il est en faute, puisque c'est lui qui fait la loi du contrat. Il en serait différemment, si le vendeur n'avait fait qu'acquiescer aux conditions proposées par l'acheteur.

Le vendeur a deux obligations principales : celle de délivrer et celle de garantir la chose vendue.

I. *De la Délivrance.*

La délivrance n'a plus pour effet d'opérer la mutation de la propriété.

Elle a pour effet de mettre l'acheteur a même de se servir de la chose, d'en disposer.

Dans les ventes de choses déterminées quant à l'espèce, elle individualise l'objet de la vente, et par là, en transfère la propriété.

Dans les ventes de corps certains mobiliers, elle joue un rôle très important pour l'application de la règle : en fait de meubles, la possession vaut titre.

Enfin, dans les ventes d'immeubles faites *a non domino*, elle détermine le point de départ de la prescription.

Les actes qui sont considérés par la loi comme constitutifs de la délivrance varient suivant la nature de la chose vendue, suivant qu'elle est mobilière ou immobilière, corporelle ou incorporelle.

La délivrance doit se faire au temps fixé par la convention, ou au moment de la vente, sinon l'acheteur peut la demander à la justice ou faire résoudre le contrat avec dommages-intérêts : depuis ce jour, tous les fruits appartiennent à l'acquéreur.

Quand la vente est faite sans terme, le vendeur retient la chose vendue jusqu'au paiement, *jure pignoris*, par le droit de rétention.

La chose doit être délivrée en l'état où elle se trouve au moment de la vente, avec tous ses accesssoires.

Le vendeur doit, en outre, délivrer la mesure indiquée au contrat, sauf certaines modifications, quand la contenance réelle est plus ou moins grande d'un vingtième que la contenance déclarée. (Art. 1617 à 1623.)

Quand la vente comprend plusieurs immeubles avec prix en bloc et désignation de contenance de chacun, et qu'il se trouve moins dans l'un et plus dans l'autre, on fait compensation entre la valeur de l'excédant et celle du déficit, de telle sorte qu'il n'y a lieu à supplément ou à diminution du prix qu'autant qu'il reste après cette compensation une différence d'un vingtième au moins.

Quand il y a lieu à augmentation de prix par suite d'un excédant d'un vingtième, l'acheteur peut ou fournir le supplément du prix ou se désister du contrat. Quand il y a lieu à diminution du prix, par suite d'un déficit d'un vingtième, en principe, l'acheteur ne peut se désister de la vente, à moins qu'il n'ait acheté l'immeuble pour une certaine destination connue du vendeur, à laquelle le défaut de contenance le rend impropre.

Du reste, les conventions des parties peuvent modifier ces règles.

L'acquéreur qui use de la faculté de se désister du contrat, peut exiger de son vendeur, outre la restitution du prix, les frais du contrat, et même des dommages-intérêts.

Afin de ne pas laisser une trop longue incertitude sur les droits des parties, et sur la propriété, la loi (art. 1622) ne donne qu'un an à compter du jour du contrat pour intenter l'action en supplément ou en diminution du prix, ou en résiliation du contrat.

II. *De la garantie en cas d'éviction, et de la garantie des défauts de la chose vendue.*

Le vendeur doit, en outre, procurer à l'acheteur une possession paisible et utile de la chose vendue : il est donc garant de l'éviction et des vices rédhibitoires.

La garantie est de la nature du contrat de vente. Elle n'est pas essentielle, puisque les parties peuvent modifier le principe de garantie, comme elles l'entendent.

Quand la vente est faite sans garantie, le vendeur n'est tenu qu'à la restitution du prix à l'égard de l'acquéreur évincé.

Il peut cependant retenir le prix, quand à la clause de non-garantie se joint la circonstance que l'acheteur connaissait le danger de l'éviction, ou quand la vente est faite aux risques et périls de l'acheteur.

Le vendeur est tenu des évictions dont la cause existait dès le temps du contrat de vente. Quant à celles dont la cause n'a commencé d'exister que depuis la vente, elles ne donnent pas lieu à garantie, à moins que cette cause ne procède d'un fait du vendeur.

Le vendeur doit à l'acheteur évincé : 1° La restitution du prix ; 2° une indemnité pour les fruits qu'il a été obligé de rendre au propriétaire par qui il a été évincé; 3° les frais faits sur la demande en garantie de l'acheteur et ceux faits par le demandeur originaire; 4° enfin, les dommages-intérêts ainsi que les frais et loyaux coûts du contrat.

L'acheteur est remboursé non-seulement des pertes qu'il a pu éprouver, mais encore du gain qu'il a été empéché de faire par suite de l'éviction.

Il a droit à la plus-value résultant des cas fortuits, et à celle résultant de réparations ou améliorations faites par l'acheteur ; et s'il reçoit du propriétaire qui l'évince une indemnité incomplète pour les dépenses qu'il a faites, le déficit est comblé par le vendeur contre lequel il a son recours.

Le vendeur de bonne foi n'est pas tenu des dépenses voluptuaires faites par l'acheteur.

Quand la portion dont l'acheteur a été évincé est d'une importance telle que l'acquéreur n'eût pas acheté sans la partie dont il a été évincé, il peut, à son choix, faire résilier le contrat ou le maintenir.

Quand cette question est résolue négativement, le contrat est maintenu, sauf au vendeur à indemniser l'acheteur. L'indemnité est fixée, dit l'article 1637, suivant la valeur qu'avait au moment de l'éviction la portion dont l'acheteur a été évincé, et non proportionnellement au prix de la vente, soit que la chose vendue ait augmenté ou diminué de valeur.

Ainsi, quand l'éviction est totale, l'acheteur évincé ne souffre pas des détériorations ; il les subit au contraire quand l'éviction n'est que partielle.

Les servitudes passives et actives, non déclarées par le vendeur, non apparentes, et d'une importance telle que l'acquéreur n'eût pas acheté s'il avait été instruit de leur existence, peuvent aussi donner lieu à la résolution du contrat.

Le vendeur est, en outre, garant des vices rédhibitoires.

L'acheteur a deux actions contre lui : 1° L'action rédhibitoire ; 2° l'action *quanti minoris*.

Si le vendeur est de bonne foi, et ignore les vices de la chose vendue, il ne doit que la restitution du prix, parce qu'il n'est pas en faute d'ignorer des vices qui peuvent lui être inconnus.

S'il est coupable de dol, il doit, outre la restitution du prix, une indemnité pour les dommages-intérêts prévus et imprévus ; et s'il est en faute seulement, il ne doit que les dommages-intérêts prévus au moment du contrat, ou qu'on pouvait facilement prévoir.

L'action résultant des vices rédhibitoires doit être intentée par l'acquéreur dans un bref délai, ou dans le délai fixé par l'usage des lieux.

Cette garantie n'est pas due dans les ventes qui se font en justice, à cause de la publicité donnée à ces sortes de vente qui se font en présence d'un grand concours de personnes pouvant s'éclairer par leurs réflexions réciproques.

Loi du 20 mai 1838 sur les vices rédhibitoires.

« *Redhibere est facere ut rursùs habeat venditor, quod habuerit. Et*
« *quia reddendo id fiebat, idcircò redhibitio est appellata. L. 21, ff. de*
« *aedil. ed. Judicium dabimus ut redhibeatur. L. 1, § 1, in fine*
« *eodem.* »

Ainsi, la rédhibition est la résolution de la vente à cause de quelque
défaut de la chose vendue, qui soit tel qu'il suffise pour obliger le vendeur
à la reprendre, et pour annuller la vente.

L'acheteur avait, dans ce cas, un droit à la résolution de la vente ou à
une diminution de prix, si ce n'est que : « *Illud sciendum est, edictum hoc*
« *non pertinere ad venditiones fiscales. L. 1, § 3, ff. de œdil. ed.* »

Le temps pour être reçu à exercer la redhibition, ne commençait à
courir qu'après que l'acheteur avait pu reconnaître les défauts de la chose
vendue, à moins que ce temps ne fût réglé par quelque usage, ou qu'il
ait été convenu entre les parties que l'acheteur ne pourrait se plaindre
pendant un certain temps.

Aussi, l'art. 1648 du Code civil donnait-il naissance à une foule de con-
testations qui ont été en partie anéanties par la loi du 20 mai 1838.

Cette loi a, en effet, déterminé d'une manière limitative les vices rédhibitoires (art. 1641, C. c.), supprimé la faculté pour l'acheteur de choisir
entre l'action en rédhibition et l'action *quanti minoris*, et fixé d'une manière à peu près uniforme pour toute la France le délai dans lequel l'action doit être intentée, délai qui court du jour fixé pour la livraison.

Mais en dehors des cas où l'action rédhibitoire peut être exercée à pro-
pos des animaux des espèces chevaline, bovine et ovine, les dispositions
du Code civil sont applicables pour toutes les autres hypothèses.

CHAPITRE V.

DES OBLIGATIONS DE L'ACHETEUR.

La principale des obligations de l'acheteur est de payer le prix aux jour
et lieu indiqués, et s'il n'a été rien convenu à ce sujet lors de la vente, au
lieu et dans le temps où doit se faire la délivrance.

L'acheteur doit l'intérêt du prix : 1° s'il l'a promis; 2° si la chose vendue et livrée est frugifère; 3° s'il a été sommé de payer.

S'il ne paie pas son prix, le vendeur peut demander la résolution de la vente, avec dommages-intérêts, s'il y a lieu, ou maintenir le contrat et poursuivre le paiement du prix par toutes les voies de droit : le paiement du prix est alors garanti par un privilège sur l'objet vendu.

Si les créanciers de l'acheteur saisissent et font vendre l'immeuble, le droit de résolution n'est pas opposable à l'adjudicataire, si le vendeur n'a pas eu soin de notifier, avant l'adjudication, sa demande en résolution au greffe du Tribunal où se poursuit la vente (art. 717 du Code de procédure civile).

Le vendeur ne peut revendiquer contre le tiers possesseur, s'il n'agit pas en résolution contre son acheteur, car c'est ce dernier qui est propriétaire, tant que la résolution n'est pas prononcée.

TITRE VII.

Codé civil, art. 1702 à 1707.

DE L'ÉCHANGE.

L'échange est un contrat par lequel les parties se donnent ou s'engagent à se donner une chose pour une autre.

C'est, de même que la vente, un contrat synallagmatique, à titre onéreux, commutatif et consensuel.

Dans l'échange, chacune des parties entend recevoir la propriété de la chose promise en retour de celle qu'elle aliène : l'aliénation de chacun des objets a pour cause l'acquisition de l'autre ; si donc la chose promise par l'un des copermutants ne lui appartient pas, l'échange est nul.

De là, il suit que si l'une des parties avant d'avoir livré, s'aperçoit que l'autre partie n'est pas propriétaire de la chose promise en contre-échange, il peut restituer celle qu'il a reçue, refuser de livrer la sienne, et obtenir des dommages-intérêts.

Et s'il a livré sa chose, ou s'il est évincé de celle qu'il a reçue, il peut demander la résolution avec dommages-intérêts, et reprendre sa chose, soit contre son coéchangiste, s'il la tient encore, soit contre les tiers détenteurs, car le coéchangiste n'en étant pas devenu propriétaire, n'a pu l'aliéner; ou s'il le préfère, maintenir le contrat et conclure à des dommages-intérêts.

Les règles de la vente s'appliquent à l'échange : sauf que l'échange n'est pas rescindable pour cause de lésion, et que les frais et loyaux coûts du contrat qui, dans la vente, sont à la charge de l'acheteur, doivent être supportés en commun (art. 1593).

Loi du 25 juin 1841, sur la vente aux enchères des marchandises neuves.

Cette loi ayant pour but de faire cesser les abus sans nombre qui étaient survenus par suite de la proclamation de la liberté commerciale, interdit formellement les ventes en détail et à cri public de marchandises neuves, soit aux enchères, soit au rabais, soit à prix fixe, même faite avec l'assistance des officiers publics compétents ; mais elle excepte les objets de peu de valeur, les comestibles, et de même les ventes prescrites par la loi ou par autorité de justice, après décès, faillite, ou cessation de commerce, ou enfin les ventes dont le Tribunal de commerce a reconnu la nécessité.

La loi du 25 juin 1841 trace en outre les règles à suivre pour arriver à la vente des objets qui sont exceptés de sa prohibition; elle détermine la capacité des officiers publics qui doivent y procéder; et enfin, elle établit contre ceux qui contreviendraient à quelques unes de ses dispositions, la peine de la confiscation des marchandises et d'une amende dont la condamnation sera prononcée solidairement tant contre le vendeur que contre l'officier public qui l'aura assisté.

Code de procédure, art. 173 à 186.

DE L'EXCEPTION DILATOIRE DE GARANTIE.

Parmi les exceptions dilatoires, c'est-à-dire, qui tendent à différer la décision de la contestation, se place l'exception de garantie.

La garantie est, en général, l'obligation soit légale, soit conventionnelle, d'indemniser quelqu'un de certains préjudices, ou de le protéger contre certaines attaques.

Dans l'espèce, on appelle exception de garantie celle qu'un défendeur originaire oppose au demandeur originaire à l'effet d'avoir le temps d'appeler en cause celui qui est son garant.

La demande en garantie peut être formée avant ou après le jugement de l'action originaire : dans le second cas, elle se forme par une demande principale, mais cette marche a l'inconvénient d'exposer le demandeur en garantie à courir la chance d'une contrariété, d'une opposition de jugements qui pourrait retomber sur sa tête (art. 1640, Code civil).

Aussi, la demande en garantie incidente, qui forme le premier cas, est-elle une voie beaucoup plus sûre et plus rapide.

Les art. 59 et 181 du Code de procédure civile établissent pour cette demande une compétence spéciale, qu'il est facile de comprendre : c'est une dérogation aux règles de la compétence établie *ratione personæ*, dans l'intérêt d'éviter une contrariété possible de jugements; mais il ne faudrait pas en conclure que, même en cas d'incompétence *ratione materiæ*, le Tribunal saisi de la demande principale serait par là même compétent pour l'exception en garantie.

Ainsi, et le texte du reste est bien explicite à ce sujet, la demande en garantie incidente suit la compétence de l'action principale à laquelle elle se rattache, à moins que la demande originaire n'ait été formée pour distraire les prétendus garants de leurs juges naturels, car ils y seraient alors renvoyés sur leur demande.

Les art. 175 et suivants nous indiquent les délais dans lesquels doit être intentée la demande en garantie.

Remarquons cependant qu'une simple déclaration de la demande en garantie dans les délais de l'assignation originaire, suffit aujourd'hui; l'ordonnance de 1667 exigeait, dans ces délais, la preuve de la demande en garantie, chose impossible. Cette preuve n'est faite maintenant qu'après les délais de distance d'aller et de retour de l'exploit pour appeler garant; si cette preuve n'est pas faite et que le défendeur ait fait une déclaration mensongère, il sera passible de dommages-intérêts pour le retard causé par son fait.

3

La garantie est formelle ou simple. Elle est formelle, quand elle donne lieu, de la part du défendeur originaire, à l'exercice d'une action réelle ou hypothécaire qui se trouve intentée contre lui.

Elle est simple, quand elle est exercée par un défendeur qui se trouve inquiété, non point par une action réelle, mais *à contrario* par une action personnelle.

Dans le cas de garantie simple, le défendeur originaire étant personnellement obligé, ne peut se faire mettre hors de cause, quoiqu'il lui soit permis, par des motifs d'équité, de mettre en cause son garant, qui ne fait qu'intervenir, tandis que dans le cas de garantie formelle, le défendeur originaire n'étant tenu envers le demandeur que comme détenteur de l'objet, et non point comme débiteur personnel, peut forcer son garant à intervenir dans l'instance, pour y prendre sa place, ses fait et cause.

Quand les demandes originaires et en garantie sont simultanément en état, le même jugement les décide; sinon, elles sont disjointes, et le Tribunal fait droit à la demande originaire, sauf à lui de prononcer plus tard sur la demande en garantie.

Les exceptions dilatoires doivent être prononcées conjointement, afin d'éviter les lenteurs de l'instance, et avant toutes défenses au fond, puisque l'exception dilatoire est un sursis à l'examen du procès.

Mais, d'après l'art. 187, l'héritier, la veuve et la femme divorcée ou séparée peuvent ne proposer leurs exceptions dilatoires qu'après l'échéance des délais pour faire inventaire et délibérer.

POSITIONS.

I. Si l'on a vendu la chose d'autrui en l'annonçant telle, la vente est-elle valable? Oui.

II. Et s'il était prouvé que l'acheteur savait, en achetant la chose, qu'elle n'appartenait pas au vendeur? La vente est nulle.

III. Le sous-acheteur a-t-il une action directe contre le premier vendeur? Oui.

IV. L'acheteur peut-il exercer l'action en garantie, même avant le trouble, s'il prouve que le vendeur n'en était pas propriétaire? Non.

V. L'acheteur de bonne foi peut-il être poursuivi par le véritable propriétaire pour les dégradations qu'il a commises avant la demande en éviction? Non, *rem quasi suam neglexit, et nulli querelœ subjectus est.*

VI. Le vendeur de bonne foi ne doit-il rembourser à l'acheteur les dépenses utiles que jusqu'à concurrence de la plus-value? Oui, *in id quanti interest eum fundum habere licet.*

VII. Les intérêts du prix courent-ils de plein droit, lorsque le contrat contient un terme pour le paiement du prix? Oui.

VIII La condition résolutoire expresse ou tacite peut-elle être invoquée contre les tiers-acquéreurs? Oui.

IX. Le vendeur d'une chose mobilière livrée et enlevée, mais dont le prix n'est pas payé, n'a-t-il que les droits résultant de l'art. 2102-4° du Code civil? Ne peut-il pas toujours demander la résolution de la vente aux termes des art. 1654 et 1184 Code civil? Oui.

X. Si la faculté de rachat est stipulée postérieurement à la vente parfaite, la convention est-elle valable à l'égard des tiers? Non.

1741   Paris. — Impr. et Lithog. de MAULDE et RENOU, rue Bailleul, 9—11.

www.ingramcontent.com/pod-product-compliance
Lightning Source LLC
Chambersburg PA
CBHW050432210326
41520CB00019B/5897